JUST DE BRETENIÈRES

Martyrisé en Corée le 8 Mars 1866.

CHALON-SUR-SAÔNE, IMPRIMERIE SORDET-MONTALAN.

I.

Très-Cher et Vénéré Ami,

Soyez assez bon pour me rappeler toutes les circonstances relatées au baptême, à la première communion et au départ pour les Missions de M. de Bretenières : Monseigneur veut parler de ce martyr dans sa lettre-circulaire pour le compte-rendu de l'Œuvre de la Propagation de la Foi. Dites-nous tout ce que vous savez d'intéressant, et le plus tôt que vous pourrez ; et veuillez agréer, vénérable ami, la nouvelle assurance de mon dévouement respectueux.

BOUANGE,

Proton. apost. v. g. u.

Autun, le 4 mars 1867.

II.

Chalon-sur-Saône, 10 mars 1867.

Monseigneur.

Pour répondre aux désirs de Votre Grandeur, je vais essayer de vous donner quelques détails biographiques sur notre

martyr Just de Bretenières ; ils seront bien
incomplets parce que sur bien des choses
la mémoire me fait défaut. Mais on s'en
occupe sérieusement à Dijon ; je sais par
Mme de Bretenières qu'on rassemble avec
soin les matériaux nécessaires pour faire
paraître une notice plus complète.

M. et Mme de Bretenières habitaient
Dijon, mais tous les ans ils venaient passer
l'hiver en famille, à Chalon, à l'hôtel de
Montcoy, depuis l'Épiphanie jusqu'à la Se-
maine Sainte. Pendant l'hiver de 1838, le
28 février, Mme de Bretenières mariée en
1829, après un premier enfant, qui ne vécut
que quelques mois, et huit ans de stérilité,
accouchait heureusement d'un garçon, qui,
le jour même, fut apporté à l'Église Saint-
Pierre pour y recevoir la grâce du
Baptême, être fait enfant de Dieu et de
l'Église. Ce fut une pensée de foi de la

pieuse mère qui le fit présenter à l'Église, le jour même de sa naissance, afin qu'il ne restât pas trop longtemps sous la puissance du démon. Aussitôt après le baptême je le fis porter sur l'autel de la Ste-Vierge, pour le consacrer à Marie d'une manière toute particulière, le mettre sous sa protection et demander qu'il devînt un jour un saint jeune homme, la joie et la gloire de sa famille. On lui donna les prénoms de Simon-Marie-Antoine-Just. Il eut pour parrain M. le baron Ranfer de Montceau, ancien premier président de la Cour royale de Dijon, son aïeul paternel, remplacé à la cérémonie par M. le comte Louis de Varax, son oncle, et pour marraine, Mme la baronne de Montcoy, née de la Loyère, son aïeule maternelle.

Je n'ai pas besoin de dire, Monseigneur, comment s'écoulèrent les premières années

de cet enfant de bénédiction, on le devine
aisément. Élevé par des parents si ver-
tueux et si chrétiens, dont il n'a jamais été
séparé jusqu'à son entrée au grand séminaire, formé aux sciences et à la vertu par
d'excellents maîtres, surtout par un prêtre
allemand, pour qui la famille a conservé
un sentiment profond d'estime et de véné-
ration et avec lequel elle entretient encore
les rapports les plus affectueux, n'ayant
sous les yeux que de bons exemples,
n'entendant jamais que des paroles sérieuses et édifiantes, ce cher enfant
devint sans efforts et presque sans s'en
douter, un modèle vraiment accompli
des vertus qui sont la bénédiction de
l'enfance. Il était modeste, docile, appliqué
à tous ses devoirs, sa figure angélique
exhalait un parfum de candeur et d'inno-
cence qui embaumait tous ceux qui l'appro-

chaient. A peine avait-il accompli sa septiè-
me année que déjà sa pieuse mère me le
présenta au confessionnal ; je me souviens
encore, et non sans émotion, de cet air
sérieux, pénétré, recueilli avec lequel il
accomplit ce devoir ; on sentait qu'il en
comprenait déjà l'importance. Aussi les
effets de la grâce sur ce jeune cœur docile
et bien préparé étaient tout à fait sensibles :
à l'église c'était un ange par la modestie
et le recueillement dans la prière ; dans sa
famille, il remplissait naturellement et sans
affectation tous les devoirs de la piété filiale ;
enfant soumis et respectueux, disciple docile
et reconnaissant, frère affectionné, parent
dévoué et complaisant ; poli, aimable et
charitable envers tout le monde, voilà ce
qu'il a été dès l'enfance et toute sa vie.
Jamais je n'ai entendu ses parents former
sur lui la plainte la plus légère et témoi-

gner la moindre inquiétude comme aussi je ne les ai jamais entendus admirer avec complaisance tant d'excellentes qualités ni les louer avec enthousiasme, mais en parents prudents et chrétiens, louant Dieu au fond de leurs cœurs, ils s'étudiaient à conserver tous ces dons en mettant sur eux l'enveloppe du silence et le cachet de la modestie.

Pendant la belle saison, les parents, avec leurs enfants et leur précepteur, faisaient des excursions assez longues en Italie, en Sicile, en Suisse, en Allemagne surtout où ils ont séjourné plusieurs mois. Ce temps des voyages n'étaient pas perdu en plaisirs et en vaines curiosités, mais toujours utilement et sérieusement employé par Just et son frère pour agrandir leurs connaissances, perfectionner leurs études et se rendre plus facile l'usage des langues étrangères, surtout

de l'Allemand, qu'ils parlaient aussi
facilement et aussi correctement que
la langue de leur pays. Une famille,
dont la foi était si vive et la piétié si
éclairée, ne pouvait négliger pour ses
enfants l'étude de la religion ; c'était pour
eux surtout la chose essentielle, aussi la
leçon du catéchisme et les pratiques de
piété avaient leur place marquée et fidèlement observée dans le plan des études et
le règlement de vie. On se préoccupait de la
pensée de la Première-Communion. Just,
qui avait atteint l'âge, désirait ardemment
ce beau jour ; il était âgé de plus de deux
ans que son frère Christian. On comprenait
qu'il était très convenable et avantageux
que dans cet acte si important de la vie et
si intéressant pour la famille, les deux
frères ne fussent point séparés ; il fut donc
convenu que , par compensation , Just

serait retardé , et Christian avancé. Avec l'agrément et la permission de Mgr d'Héricourt, alors évêque d'Autun, le château de Montcoy fut choisi pour le lieu de la cérémonie. Pour qu'elle fût plus solennelle, plus édifiante et plus intéressante pour toute la famille si tendrement unie, il fut aussi convenu que les enfants de Mme de Varax, André et Bernard, se réuniraient à leurs bien-aimés cousins pour faire la retraite.

Le dimanche 8 septembre 1851 après vêpres , je me transportai à Montcoy , immédiatement je fis l'ouverture de la retraite à la chapelle par le *Veni Creator* et une courte instruction ; nous convînmes d'un règlement pour les heures des exercices et l'emploi du temps pendant la journée ; il fut affiché à la porte de la chapelle et fidèlement observé. Monsieur et Madame de Montcoy, grand'père et grand'mère; Monsieur et Madame de Bretenières; Monsieur et Madame de Varax, les quatre enfants, leurs deux précepteurs et toutes les personnes attachées à la maison prirent part autant que possible à tous les exercices qui étaient annoncés par le son de la cloche trois fois par jour, le matin à 9 heures 1/2, et le soir à 2 heures et à 5 heures. Dans l'intervalle, les enfants faisaient de pieuses lectures, écrivaient leurs impressions et leurs résolutions et préparaient leur confession générale. C'était admirable de voir ces chers enfants interroger leur conscience avec une scrupuleuse inquiétude, se serrer tour à tour, avec simplicité et une touchante confiance, auprès de leurs mères avec leur formule d'examen et s'aider de leur assistance pour connaître les fautes qu'ils avaient

commises. Les confessions étant termi
nées , la veille du grand jour ,
après la prière du soir, je leur adressai
quelques paroles pour les préparer plus
prochainement à la grande action du
lendemain ; je leur rappelai ce qui se
faisait en cette circonstance dans les pa-
roisses, animées de l'esprit de foi, et dans
les bonnes familles chrétiennes, l'usage
de demander pardon aux parents de
toutes les fautes qu'on avait à se reprocher
à leur égard, et ensuite, cet autre usage,
si ancien et si vénérable, de demander,
dans les grands actes de la vie, cette
bénédiction paternelle, fondement assuré
des maisons et gage le plus certain
des bénédictions célestes. Ils se jetèrent
aussitôt aux genoux de leurs chers
parents, qui s'empressèrent de les rele-
ver, de les presser sur leurs cœurs et
de leur donner en pleurant, dans toute

l'effusion de leur tendresse, les bénédictions les plus sincères et les plus cordiales. Je n'ai jamais vu de scène plus attendrissante. Quelle surabondance d'émotions et de sentiments dans tous ces cœurs! C'était une douce préparation aux grâces du lendemain.

C'était le jeudi 12 septembre 1851, fête de Notre-Dame de Bon-Espoir. Just et Christian de Bretenières et André de Varax furent admis au divin banquet; quant au cher Bernard, jeune frère de celui-ci, n'ayant pas encore dix ans, il fut nécessairement ajourné ; pour le consoler, on lui dit qu'il ferait la communion spirituelle, mais il répondit en pleurant qu'il ferait « la communion d'envie. » Pour l'édification générale, la cérémonie se fit à l'église de la paroisse, et toutes les personnes qui avaient suivi la retraite accompagnèrent les enfants à la Sainte-Table. Les exercices du soir, c'est-à-dire le renouvellement des promesses du baptême et la consécration à la très-sainte Vierge, se firent dans la chapelle du château. Sans doute, cette belle et précieuse journée a été écrite au ciel, par les Anges, dans le grand livre de l'éternité. Qui pourra raconter ce qui se passa alors dans tous ces cœurs si bien disposés des enfants et de leurs chers et pieux parents qui s'enivraient de leur bonheur ? Ces prières ferventes, ces élans d'amour , cette offrande généreuse et spontanée de tout eux-mêmes avec un ardent désir d'être constamment fidèles ? N'est-ce pas en ce beau jour que fut déposé dans leur âme ce parfum de vertus qui devait embaumer toute leur vie, ce germe de grâces extraordinaires, de la vocation au sacerdoce et, pour notre cher Just, de sa vocation à un apostolat qui devait être sitôt couronné par un glorieux martyre ?

Deux ans après, le 7 octobre 1853, eut lieu la première communion de Bernard de Varax. Elle fut précédée d'une retraite qui fut suivie par les mêmes personnes et s'accomplit tout à fait dans les mêmes conditions que la précédente. A la fin de la retraite, après la consécration à la Sainte-Vierge, je leur racontai une scène édifiante qui s'était passée tout récemment dans la sacristie de Saint-Vincent de Chalon. Deux officiers de la garnison ayant été ramenés à Dieu par M. l'abbé Berry, qui s'occupait alors de l'école des militaires, vinrent après la communion dans la sacristie, se jetèrent avec effusion dans les bras l'un de lautre, se promirent de ne jamais oublier la grâce qu'ils avaient reçue, d'être fidèles à leurs devoirs religieux, et s'engagèrent à se soutenir mutuellement; si l'un des deux venait à s'affaiblir ou à se décourager, l'autre devait l'avertir et ne rien négliger pour le rappeler à ses devoirs et à sa promesse. Je les engageai, en qualité de frères et de cousins germains, à se lier ainsi par une amitié spirituelle, afin de se soutenir par leurs prières et leurs bons exemples et d'assurer leur persévérance dans la vertu. Aussitôt ils s'agenouillèrent au pied de l'autel. Just qui était l'aîné, fit la prière à la Sainte-Vierge, et, s'adressant à son frère et à ses cousins, il leur demanda s'ils acceptaient la proposition ?

Ils se relevèrent alors, se donnant la main et s'embrassant cordialement. La sainte amitié fut conclue et ne sera jamais rompue, car Just est au ciel avec la palme et la couronne de martyr, Christian est diacre et sera bientôt prêtre, Bernard est prêtre, et André, qui seul est resté laïque, a toujours conservé sa foi et ses principes religieux. Que Dieu soit à jamais béni !

Le 5 février 1854, Mme de Montcoy s'endormait paisiblement dans le Seigneur, après avoir béni tous ses enfants et petits-enfants réunis autour de son lit de mort. Pendant quatre à cinq ans, la famille de Bretenières vint régulièrement passer son quartier d'hiver à Chalon pour tenir compagnie au grand'père et adoucir l'amertume de son veuvage. Qui ne se rappelle encore quel sujet d'édification elle fut pour la paroisse Saint-Pierre par sa piété, ses bons exemples et surtout par la régularité des enfants qui, devenus jeunes hommes, s'approchaient des sacrements au moins tous les quinze jours avec une ferveur et une modestie tout angélique ? Just surtout avait une figure de séraphin.

Pour achever la tâche que Votre Grandeur m'a imposée, j'esquisserai à grands traits ce qui me reste à raconter sur la vie de notre cher martyr de Corée. Ce que j'ai écrit plus haut, j'y avais ma part et j'étais moi - même témoin oculaire ; ce qui me reste à dire, je ne le sais que par ce que j'ai entendu raconter aux autres.

En 1858 ou 1859, la famille de Bretenières alla s'établir à Paris afin d'achever entièrement l'éducation des jeunes gens, perfectionner leurs études, suivre les cours des différentes facultés pour les préparer au baccalauréat. Le séjour de Paris, qui est un écueil pour tant d'autres, n'apporta aucun changement dans leurs habitudes, aucun affaiblissement dans leurs devoirs de piété; au contraire, à leurs études sérieuses et soutenues ils ajoutèrent la pratique des bonnes œuvres en partageant, avec un zèle ardent, les travaux des conférences de Saint-Vincent-de-Paul.

Mais Just sentait souvent et vivement au fond du cœur l'appel de la grâce, il pensait qu'il ne devait pas plus longtemps ajourner cet attrait, qui, depuis son enfance, le poussait aux missions étrangères, surtout à la conversion des petits chinois. Dès l'âge de cinq ans, il avait entendu ou cru entendre des voix qui l'appelaient et lui disaient : Venez en Chine et sauvez-nous. Le Révérend Père Poupinel, mariste, actuellement en Océanie pour visiter les missions desservies par les Pères de sa congrégation, ayant appris par les journaux le martyr des deux évêques et des sept prêtres massacrés en Corée, ayant lu le nom de Just de Bretenières, m'écrivit de ce pays lointain, à la date du 22 janvier 1867, pour me dire la douleur que lui avait causée la nouvelle de la mort de ce cher enfant, qu'il avait connu, et de la joie qu'il avait ressentie à la nouvelle de son glorieux martyre. Il me rappelle une circonstance de sa vie que j'avais oubliée.

En 1852, le Père Poupinel prêchait le carême à St-Pierre de Chalon ; tous les dimanches nous allions ensemble dîner et passer la soirée chez **M.** de Mont-coy. Après dîner, les enfants aimaient à l'environner, à le conduire dans un coin du salon, lui adressant mille questions sur la vie des missionnaires, le priant de leur raconter quelques histoires qu'ils écoutaient avec une curieuse et sainte avidité. Un jour, Just lui dit : ô mon Père, que je serais heureux si vous pouviez me donner une lettre d'un missionnaire. Le Père chercha dans ses poches, il ne trouva pas de lettres, mais seulement quelques enveloppes de lettres qu'il lui donna. Just les reçut avec reconnaissance et plus content que si on lui avait donné un trésor, il les baisa et les conserva précieusement comme une sainte relique. Le désir des missions ne l'abandonna jamais; il m'avoua un jour dans une lettre qu'il n'avait jamais eu d'autre pensée. Il fallait donc ne pas lutter plus longtemps contre l'attrait de la grâce et la voix de sa conscience, Just s'arma de courage pour faire connaître son désir à ses parents et leur demander leur consentement. Ceux-ci n'en furent pas tout à fait étonnés, mais ils en furent affligés, le père surtout, qui l'aimait tendrement et qui, à cause de ses excellentes qualités, s'était accoutumé à fonder sur lui les plus belles espérances pour l'avenir, fut contrarié, car cette détermination ruinait tous ses projets, anéantissait toutes ses espérances. Néanmoins, si, en père chrétien, il ne refusa pas son consentement, en père sage et prudent, il fixa un délai qu'il croyait nécessaire pour connaître la volonté de Dieu et s'assurer si cette vocation était solide et certaine. Le terme fixé étant écoulé, le jour même, Just se présente à son père, lui rappelle ses promesses et renouvelle sa demande.

M. de Bretenières ne se rendit pas encore et ne put consentir à une entrée immédiate au séminaire des Missions étrangères, mais il fut convenu qu'avant de prendre cette grave détermination, Just subirait une nouvelle épreuve de deux ans au séminaire de St-Sulpice sous la conduite de maîtres graves, éclairés, désintéressés et tout à fait consommés dans le discernement des vocations. Cette épreuve fut toute en sa faveur et les indices d'une vocation divine parurent si évidents qu'il ne fut plus possible d'hésiter. Ses bons parents se rendirent donc, non sans douleur, mais ils firent avec générosité leur sacrifice en accordant leur consentement.

Qui pourrait raconter la joie dont son cœur fut rempli, lorsqu'enfin admis au séminaire des missions étrangères, il se trouva seul dans cette cellule pauvre, froide, nue comme il l'avait rêvée? Avec quelle ardeur de foi et de charité il s'offrit à Dieu pour commencer l'épreuve du noviciat, accepter ces travaux, ces études, ces privations de toutes sortes, cette vie d'abnégation et de sacrifices continuels! De suite il fit l'admiration des maîtres et des condisciples qui le vénéraient comme un saint jeune homme, consommé en vertus. Sa charité était si grande qu'il s'oubliait lui-même pour penser aux autres, jusqu'à se dépouiller de ses vêtements propres et convenables pour choisir ce qui était pauvre, usé et peu commode. Ce qu'on raconte de sa charité à l'égard des pauvres carriers de Meudon est tout à fait édifiant.

Le 26 avril 1863, il m'écrivit pour

m'annoncer qu'il aurait le bonheur de se lier à Notre Seigneur par des liens irrévocables en recevant le sous-diaconat le 30 mai. Il demandait le secours de mes prières, celles des personnes qui l'avaient connu, des communautés religieuses, et il me disait en finissant, avec une touchante humilité, qu'il sentait si bien sa faiblesse qu'il voudrait pouvoir se recommander aux prières de la terre entière, pour être moins indigne de la grâce qu'il allait recevoir. Je conserve sa lettre comme une relique précieuse.

L'année suivante 1864, il m'écrivit de nouveau pour m'inviter à assister à son ordination de la Prêtrise qui devait avoir lieu le samedi avant la Trinité. Il me rappelait, ce que je n'avais pas oublié, que je l'avais baptisé, que j'avais entendu la première confession de ses péchés, que je lui avais fait faire sa première communion, que j'avais été chargé de sa conscience dans les intervalles qu'il avait passés à Chalon avant son départ pour Paris ; enfin il me disait combien il serait heureux si je pouvais encore assister à sa première messe. Sa lettre était si bonne et si pressante qu'après un moment d'hésitation, car j'avais la Première Communion à célébrer le jeudi de la Fête-Dieu, dans ma paroisse, je me décidai à accepter l'invitation. Je partis le mercredi des Quatre-Temps avec M. et Mme de Varax et M. André. Dès le lendemain j'obtins la permission de le voir et de passer avec lui quelques instants dans le jardin du séminaire. Nous avions tant de choses à nous dire et à raconter depuis si longtemps que nous ne nous étions pas vus ! Que de souvenirs à rappeler sur les lieux et les personnes ; sur les circonstances de la vie passée et de sa situation présente ! Mais l'essentiel, c'était de lui parler de lui-même, de ses projets, de ses désirs, de son ordination et de son prochain départ. Ses parents, toutefois sans se plaindre, m'avaient exprimé la peine qu'ils éprouvaient de ne pouvoir lui faire que des visites courtes et assez rares dans la crainte de perdre le temps, d'affaiblir et d'énerver son courage et le leur. Le temps et les jours des entrevues avaient été limités, trop limités. Je me permis de lui faire quelques observations à cet égard. Mon cher enfant, lui dis-je, vous pouvez vous imposer à vous-même des privations et des mortifications, mais vous ne devez pas les imposer aux autres ; vous savez avec quel esprit de foi et avec quelle générosité vos chers parents ont fait à Dieu le grand sacrifice que vous leur avez demandé ; vous n'avez plus que quelques semaines à passer avec eux ; au lieu de rendre ce sacrifice trop amer en refusant la consolation des visites qu'ils vous demandent, efforcez-vous au contraire d'en adoucir l'amertume par toutes les complaisances et les condescendances possibles. La veille de l'Ordination, comme au jour de la Première Communion, vous demanderez et recevrez les bénédictions du père et de la mère, et le lendemain à leur tour ils vous demanderont de les bénir et vous les bénirez, car vous serez prêtre et vos mains auront été consacrées pour bénir, et votre première bénédiction sera pour vos parents et vos meilleurs amis. On vous demandera votre photographie, des souvenirs, des images, votre signature, prêtez-vous à tout ce qu'on voudra et vous n'aurez dans la conscience ni trouble, ni remords. Quand vous serez sur les terres barbares de la Chine, de la Corée ou du Thibet, alors que le souvenir de la Patrie et l'amour de la famille se réveilleront si vivement dans votre cœur, ménagez-vous la consolation et le témoignage qu'en vous donnant tout entier à Dieu, vous n'avez rien omis de ce que vous deviez aux sentiments légitimes de la nature et de la tendresse paternelle. Il comprit, je crois, que j'avais raison, mais j'admirai la grande vertu de ce bon jeune homme; car non-seulement, dans l'intérêt de son amour-propre, il n'apporta aucune raison, aucune excuse, pour expliquer et justifier sa conduite, mais il se soumit avec une humble docilité à toutes les recommandations que je lui avais faites; preuve, selon moi, d'une sainteté rare et déjà consommée.

Le 21 mai 1864 fut le jour de l'Ordination : jour d'émotion pour tous et d'impérissable souvenir pour moi , car depuis plus de quarante ans je n'avais pas eu le bonheur d'assister à une ordination ; elle fut donc doublement intéressante pour mon cœur. Elle eut lieu dans l'église des Missions étrangères et fut faite par Mgr Thomine Desmazures, ancien évêque de Synopolis, vénérable et majestueux vieillard blanchi dans les travaux de l'apostolat et qui était revenu en Europe pour essayer de rétablir une santé délabrée, épuisée par les fatigues et les privations du missionnaire. L'assistance était nombreuse et choisie : des places avaient été réservées pour les parents et les amis de la famille qui étaient venus de loin pour s'édifier et témoigner leur sympathie. Quand les portes s'ouvrirent et qu'on vit arriver la procession de cette légion sacrée de jeunes lévites tenant un cierge à la main et portant sur le bras l'ornement voulu pour chaque ordre, tous les regards se portèrent sur eux avec un vif intérêt. Oh! si nos yeux avaient pu s'ouvrir, sans doute nous aurions vu les bons anges qui les précédaient et qui portaient devant eux les glorieux insignes de l'Apostolat, les palmes et la couronne! Notre cher enfant semblait se distinguer entre tous par son air modeste et sa figure vraiment angélique. Après l'appel nominal auquel répondit chacun des ordinands, on procéda à la cérémonie si belle, si imposante, de l'Ordination. Les paroles graves et solennelles du Pontife dans ses admonitions et allocutions, ses prières et ses rites sacrés qui sont employés pour exprimer et conférer les pouvoirs des différents ordres dans le saint ministère, tout cela excita vivement l'attention et l'intérêt.

Mais il serait inutile d'entrer dans les détails , je dirai seulement combien nous fûmes profondément émus à la cérémonie de la prostration. Quand, sur l'ordre de l'archidiacre, *procumbant omnes* , tous ces jeunes lévites vêtus de leurs blanches aubes, les bras croisés sur la poitrine, se couchèrent sur le pavé du sanctuaire, l'assemblée fut vivement impressionnée. En voyant prosternées en face de l'autel ces victimes volontaires de l'amour divin on comprenait leurs sentiments, leurs pensées, on croyait entendre les prières que, dans la vivacité de leur foi et l'ardeur de leur charité , elles adressaient à Dieu, s'offrant à lui pour travailler avec zèle et sans relâche à procurer sa gloire, étendre son règne, lui gagner des âmes ; acceptant avec joie les travaux, les fatigues et les privations de l'Apostolat, demandant la grâce d'être fidèles jusqu'à l'effusion de leur sang. N'est-ce pas alors que fut demandée et obtenue la grâce du martyre? Je sais que depuis son ordination, toutes les fois qu'il montait au saint autel, notre cher Just demandait à Dieu cette grâce et que, à la consécration du précieux sang, il offrait à Dieu son sang pour le salut de ses chers Coréens. A un de ses amis il disait : « Demandez à Dieu pour » moi la grâce d'un martyre dont personne » ne sache rien. »

Quand la cérémonie fut terminée, la famille se rendit avec empressement dans une salle ou un corridor pour le saisir au passage. Il était monté à sa chambre par un escalier opposé; j'y montai après lui, et, après l'avoir embrassé, je le ramenai encore revêtu des ornements sacerdotaux pour recevoir les embrassements et les félicitations de ses parents et amis et leur donner sa première bénédiction sacerdotale. Il se prêta à tout ce qu'on voulut avec une grâce pleine de candeur : je m'inclinai moi-même avec les autres, heureux d'être béni par celui que j'avais tant de fois béni.

Le lendemain dimanche, fête de la sainte Trinité, dans une modeste chapelle du séminaire, à un autel latéral, le jeune prêtre célébra sa première messe, je l'assistai en habit de chœur avec l'étole ; son frère Christian et son précepteur servirent la messe ; son père et sa mère, M. et Mme de Varax, leurs fils et quelques parents et amis reçurent de sa main la sainte communion. Il n'y avait certainement pas de luxe dans la décoration de la chapelle, dans la parure de l'autel, dans l'éclat et la richesse des vases sacrés et des ornements; tout était pauvre et modeste, propre et convenable; mais il y avait compensation surabondante dans la ferveur du prêtre et la piété des assistants. Just célébra la messe avec aisance sans lenteur ni précipitation; il s'était longtemps et sérieusement préparé; grave et profondément recueilli, au moment de la consécration il fut visiblement ému, de douces larmes coulaient sur ses joues, il fit des efforts pour se contenir et ne rien laisser paraître.

Dans l'après-midi j'allai, avec sa famille lui faire ma dernière visite, lui donner et recevoir le baiser d'adieu qui devait être pour l'éternité. Il me donna sa photographie signée que j'ai conservée comme un

cher souvenir et que je vénère actuellement comme une relique précieuse. Il me
promit de ne jamais m'oublier dans ses
prières ; j'ai la confiance que ce cher enfant pour lequel j'ai été l'instrument de
tant de grâces pendant sa vie, tiendra fidèlement sa promesse et qu'il m'obtiendra
par son intercession désormais puissante,
la grâce de terminer une vie déjà assez
longue par une mort sainte et précieuse
devant Dieu. Ainsi soit-il.

Vous savez, Monseigneur, tous les détails
de son départ de Paris, son passage à
Sang-haï, son séjour dans la Mantchourie
chez Mgr Vérolles, son arrivée dans la
Corée après une trahison, une violente
tempête et mille dangers ; ses huit mois de
solitude, de misères et de privations dans
une masure si étroite qu'il pouvait à peine
s'y mouvoir et étendre ses jambes engour-

lies par le défaut d'exercice ; son ardeur incroyable à se mettre à l'étude d'une langue ingrate et des plus difficiles, et enfin sou douloureux et glorieux martyre. Tous ces détails ont été racontés d'une manière admirable dans le magnifique et brillant discours de Mgr Mermillod, évêque d'Hébron, à Dijon le 8 mars.

Les Actes des martyrs de la Corée sont arrivés à Rome ; voici ce que j'ai pu extraire de quelques lettres ; cela a été une vraie passion de plusieurs journées. Tout ce que les peintures de Saint-Etienne-le-Rond représentent a été surpassé, les Coréens ont su inventer ! Le pauvre agneau a souffert avec un calme admirable et une douceur infinie. Notre Seigneur évidemment l'assistait, car il ne lui a échappé ni un gémissement ni une plainte. Le matin de son arrestation, il avait

célébré la Sainte-Messe. Depuis, cela fut
impossible, mais étant dans le même
lieu avec ses confrères, ils ont pu ensemble
s'exhorter et se fortifier mutuellement.
Just ne parlait pas encore facilement la
langue coréenne, il savait seulement ce
qui était nécessaire pour l'administration
des sacrements, aussi ses interrogatoires
n'ont pas eu grand résultat. Au premier,
sur les questions posées il répondit avec
une grande douceur : « J'ai quitté mon
» pays pour venir vous faire du bien en
» sauvant vos âmes. » Les interprètes appe-
lés le comprenaient peu ; le vice-roi voulut l'interroger lui-même, mais apprenant
qu'il ne parlait pas facilement, il y renonça.

Nous avons reçu aussi le détail de ses
fonctions sacerdotales avant le 24 février.
Il avait déjà beaucoup baptisé, confessé,
catéchisé ; il avait béni des mariages, admi-

nistré les derniers sacrements et même
donné à un assez grand nombre de personnes le sacrement de confirmation
avec la délégation de son évêque dont il
était l'assistant. Cette pensée que plusieurs
âmes lui devront leur salut est un baume
pour notre douleur.

Tous les supplices inventés jadis ont été
surpassés ; les Coréens sont d'une cruauté
dépassant tout ce qu'on peut ima-
giner ; il y a eu des jours de
supplices affreux. Mais Jésus-Christ
notre Dieu, notre rédempteur, était avec
Just et souffrait avec lui. Son âme n'était
point troublée, il était calme et recueilli,
et allant au lieu fatal, il s'est entretenu et
a prié avec ses compagnons, les yeux
modestement baissés ou levés au ciel,
selon la position de sa chère et bénie tête.

exprimaient une infinie douceur : c'était bien l'agneau du sacrifice.

Pendant le trajet jusqu'au lieu désigné, on l'a entendu plusieurs fois s'entretenir avec Monseigneur Berneux qui le précédait et MM. Beaulieu et Dorie qui le suivaient. Nous savons maintenant exactement le lieu où il repose, et il y a marque certaine pour le reconnaître.

Après trois jours les païens enterrèrent les martyrs dans le sable de la plage ; trois semaines après les chrétiens sont venus, les ont déterrés, reconnus ; puis les enveloppant chacun d'un linceul, les déposant séparément dans des cercueils, ils les ont transportés sur une colline à une lieue de Séoul. Ils ont récité ou chanté les prières des morts, ont béni les fosses et les ont déposés, Just à droite de son évêque dont il était l'assistant, le suppléant et

les autres de l'autre côté, mais entre-mêlés
de martyrs Coréens, car il n'y a pas eu
seulement des missionnaires martyrisés,
plusieurs Coréens ont scellé leur foi de
leur sang en même temps que leurs prêtres.

Ce travail que vous m'avez demandé,
Monseigneur, m'a coûté de la peine parce
que j'écris difficilement, cependant je l'ai
fait avec une grande consolation, heureux, Monseigneur, de donner à Votre
Grandeur des renseignements nécessaires,
des dates précises pour vous affermir dans
la volonté de maintenir vos droits sur ce
jeune martyr, qui est vraiment votre fils et
votre diocésain, désormais une des gloires
du diocèse du Sacré-cœur. Just de Bretenières vous appartient non-seulement par
le baptême, mais par les actes les plus
importants de sa vie surnaturelle.

J'étais présent lorsque le grand-père, M. le baron de Montcoy, vénérable vieillard de près de 92 ans, reçut la lettre circulaire de Monseigneur l'évêque de Dijon qui annonçait la grande cérémonie du 8 mars; il exprima vivement son mécontentement et protesta avec toute l'énergie d'un ancien chevalier de St-Louis, contre la prétention de faire de son petit-fils un Dijonnais. Non, dit-il, Just n'est pas Dijonnais; il est Chalonnais. Voici la chambre où il est né. Qu'ils gardent leurs gloires et leurs illustrations, elles sont assez nombreuses, mais qu'ils ne nous enlèvent pas les nôtres!

Toutefois, Monseigneur, que cette gloire que les deux villes peuvent revendiquer comme une part légitime, ne soit pas un sujet de contestation mesquine et puérile, mais plutôt un sujet de joie commune et d'émulation. Que Dijon et Chalon soient également fiers et heureux de posséder ces nobles familles qui ont si bien mérité de la Religion et de la Patrie, ces familles de Bretenières et de Montcoy, des plus illustres par l'antiquité de leur noblesse, la vertu de leurs ancêtres, les hautes fonctions qu'ils ont exercées dans la magistrature, les alliances considérables qui les lient à tout ce qu'il y a de plus noble et de plus distingué dans la ville et la province ! Leur sang s'est mêlé au sang si noble et si pur des Fremiot, Chantal, Nansouty, Juigné, Damas, Ballon, Raviot, Contenson, Thésut, Laloyère, Bévy, St-Seine, Vesvrottes, Beuverand, Gévaudan, la Teyssonière et de tant d'autres dont les noms m'échappent ou me sont inconnus.

Si elles sont illustres par la noblesse de

leur naissance, elles le sont encore plus par l'excellence de leurs vertus, surtout par cette charité chrétienne sachant compatir à toutes les misères et les portant à pratiquer avec un zèle ardent, actif, infatigable les bonnes œuvres de tout genre. Les populations qui regardent la sainteté et la mort glorieuse du jeune héros chrétien leur fils, comme le couronnement et la récompense la plus éclatante et la plus précieuse de leur dévouement et de leurs vertus, les bénissent et les aiment.

Daignez agréer, Monseigneur, l'assurance du plus profond respect, avec lequel j'ai l'honneur d'être,

de Votre Grandeur,

le très-humble et très-obéissant serviteur,

A.-M. COMPAIN,

Curé de Saint-Pierre de Chalon,

Chan. honor. d'Autun.

MON BON ARCHIPRÊTRE,

J'ai lu avec une vraie émotion votre notice sur notre cher martyr. On voit que c'est un père spirituel qui parle d'un saint qu'il regarde comme son fils. Cette notice sera lue avec intérêt, et vous ferez plaisir en la publiant.

Croyez, mon cher Archiprêtre, à toute mon affection et estime.

FRÉDÉRIC,

Évêque d'Autun, Chalon et Mâcon.

CHALON, IMP. SORDET-MONTALAN.

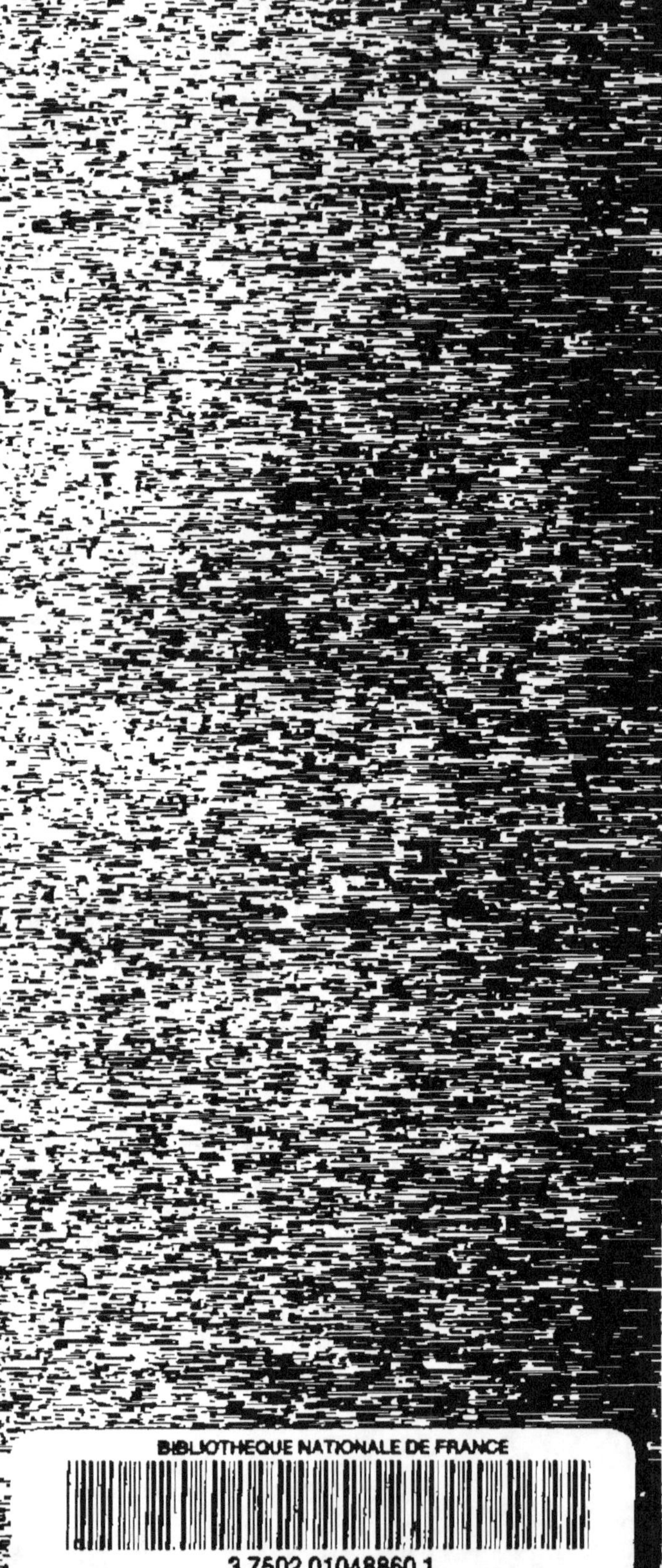

www.ingramcontent.com/pod-product-compliance
Lightning Source LLC
Chambersburg PA
CBHW061324060726
47596CB00003B/1071